ऋतु 'दर्पण'

मुस्कान अग्रवाल

Copyright © Muskan Agarwal
All Rights Reserved.

This book has been published with all efforts taken to make the material error-free after the consent of the author. However, the author and the publisher do not assume and hereby disclaim any liability to any party for any loss, damage, or disruption caused by errors or omissions, whether such errors or omissions result from negligence, accident, or any other cause.

While every effort has been made to avoid any mistake or omission, this publication is being sold on the condition and understanding that neither the author nor the publishers or printers would be liable in any manner to any person by reason of any mistake or omission in this publication or for any action taken or omitted to be taken or advice rendered or accepted on the basis of this work. For any defect in printing or binding the publishers will be liable only to replace the defective copy by another copy of this work then available.

क्रम-सूची

पुस्तक के बारे में v

1. कोहरे के बाद है सूर्य नया — 1
2. मेरा उद्देश्य — 3
3. क्या हो यदि ऐसा हो — 5
4. दायरे — 8
5. मेरे कलम की स्याही उनके नाम — 10
6. आत्मनिर्भर भारत — 13
7. एक दीप — 15
8. क्या लिखूं — 17
9. काव्य रचना — 19
10. बूंद की अभिलाषा — 21
11. किताबें — 23
12. आवास या कारावास — 25
13. वो फुटपाथ पर कैसे रहते होंगे — 28
14. संगीत — 30
15. ज़िंदगी क्या है — 32
16. धर्म भूमि में — 33
17. उड़ जाने दो — 34
18. अब क्या बांटोगे भगवान — 36

छोटी कविताएं

18. अध्याय 18 — 36
19. कोई नहीं आता — 42

क्रम-सूची

20. उड़ती पतंग	43
21. परछाईं	44
22. शरद चांदनी	45
23. कौन हूं मैं	46
24. अध्याय 24	47

पुस्तक के बारे में

पहली पुस्तक के रूप में प्रकाशित'ऋतु दर्पण' लेखक की कुछ कविताओं का संग्रह है।

जिसमें आपको विभिन्न ऋतुओं की तरह जीवन के विभिन्न रंग देखने को मिलेंगें, इसलिए इसका शीर्षक ऋतु' दर्पण ' रखा है।

इसके अंतर्गत कविताएं, क्षणिकाएं एवं कुछ छोटी पंक्तियां हैं जो आपको लेखक के अल्फाजों की कश्ती से काव्य की दुनिया में ले जाएंगी।

इस पुस्तक के माध्यम से लेखक ने अपने विचारों को बहुत ही सरल शब्दों की कविताओं में आकार देने की कोशिश की है।

इस काव्य संग्रह में आपको जीवन, देशप्रेम और प्रेरणादायक कविताएं पढ़ने मिलेंगी जिसे बच्चे, वयस्क प्रत्येक वर्ग के पाठक पढ़ अथवा सुन सकते हैं।

हमें आशा है कि इसे पढ़कर आपको निराशा नहीं होगी अपितु यह आपको आगे बढ़ने के लिए प्रेरित करेगी।

1. कोहरे के बाद है सूर्य नया

जीवन एक सफर है,
लेकिन मंजिल का नामोनिशान नहीं ,
दिखती हैं कई राहें मगर,
उन पर चलना आसान नहीं,

तलाश है जिस मंजिल की पता नहीं वो है कहाँ,
मिल जाए मुझे वो मंजिल पहुंचना है बस मुझे वहां,

कुछ ख्वाहिशें भी हैं बाकी,
कुछ बाकी हैं उम्मीद यहां
बढ़ते बढ़ते आगे सफर में,
कोहरे के बाद है सूर्य नया ....

देखा है बीच सफर में हमने ,
कितनीउम्मीदें टूटी हैं,
कितनों ने मंजिल पाई,
बीच सफर में कितनों ने भी ,
झूठी उम्मीद जताई ,

अब नहीं उम्मीद किसी से कुछ भी,
बस जीवन में संघर्ष बचा ,
बढ़ते बढ़ते आगे सफर में,

कोहरे के बाद है सूर्य नया ....
(मेरी पहली कविता)
~मुस्कान अग्रवाल

2. मेरा उद्देश्य

माना कि मिल गई है मेरे सपनों की डगर
है कठिन बहुत वहां पहुंचना मगर
शुरुआत हो चुकी है सांझ से रात हो चुकी है
आएगी मगर इस रात की एक सुनहरी सुबह
किसी की आस लाया हूं
किसी का विश्वास साथ है
जो भी हैं मेरी प्रेरणा
मेरे सिर पे उनका हाथ है
जानता हूं आसान नहीं होगा
मुझे खुद से लड़ना होगा
अपने उद्देश्य के लिए मुझे
कठोर तप करना होगा
कुछ अपने भी रूठ जाएंगे
कई साथी राह में छूट जाएंगे
कभी बारिशों से बचने पेड़ के
नीचे छुप जाऊंगा
कभी चिलचिलाती धूप में भी
डटकर खड़ा हो जाऊंगा
ज़िंदगी की पाठशाला में कुछ नए अनुभव आयेंगे
कभी गिराएंगे मुझको
कभी संभलना भी सिखाएंगे
जानता हूं कि मंज़िल दूर मगर ख़ूबसूरत है
उस तक पहुंचने के लिए कई बाधाओं से लड़ना है

उठना है , गिरना है
फिर गिरकर संभलना है
होना है इतना काबिल
की मेरे बाद लोगों के लिए मेरे उदाहरण काम आयेंगे

3. क्या हो यदि ऐसा हो

जब जिंदगी इनकार कर दे ,गले लगाने से
और मौत भी इनकार करे, अपना बनाने से

जब रोना चाहो और आंसू ही ना मिले
जब हंस रहे हो और खुशी ही ना मिले

जब गिरकर संभल रहे हो
और फिर ठोकर मिले

अपने तो बहुत हों
मगर उनसे अपनापन ना मिले

जब तुम्हारे मन की आवाज़
सब आवाज़ों से तेज़ हो

खड़े हो उस जगह
जहां रेत ही रेत हो

सोचा है अगर ऐसी हो ज़िंदगी तो क्या हो??

तो तुम्हें उठना होगा और लड़ना होगा
ख़ुद से ही खुद के लिए

इस विराट विश्व में तो सब अधूरे है
होते है जो साहसी वो खुद में पूरे है

नए जोश से नए सफर का
कर लेना आगाज

दिखला देना फिर दुनिया को
अपना ये अंदाज

चलने से बेहतर ,तब
उड़ना सीख जाना

नए परों से दूर क्षितिज तक
भर आना परवाज़

अगर चुना गया है तुम्हें
परेशानियों के लिए आज

तो कल बनेगा तुम्हारी
जीत पर इतिहास

ये आज का युग है
यहां नहीं आएगा देने
कोई कृष्ण, अर्जुन का साथ

फिर भी लगे अकेले हो

तो देना किसी जरूरतमंद को हाथ

असली खुशी तब मिल जाएगी
भर जायेगी दुःख की दरार

हां आएगा इक प्रश्न जरूर
किसके लिए करू ये प्रयास
है ही कौन मेरा जिसको है मुझसे ये आस

तो सोचना कोई किसी के लिए नहीं होता
सब तो होते कुछ पल ही साथ

ये किरदार तुम्हारा है
तुम खुद संचालित हो जाओ
कर्तव्य पथ तुम्हारा है बस तुम बढ़ते ही जाओ

वजह तो होती है जीने की
मौत तो एक बहाना है
मरने से ज्यादा अच्छा तो
ज़िंदगी से कुछ जंग जीत कर जाना है

~मुस्कान अग्रवाल

4. दायरे

किसने बनाए दायरे???
कोन लिखता है इसके कायदे???
है कोनसी किताब वो???
करती है ये हिसाब जो,
कि जीना चाहे अगर कोई
तो उसे नियमों में बांध दो
और कुछ ना कर सको
तो फिर उसके पर ही काट दो
क्या लोग हैं अब क्या कहें
जो बुनते है झूठे मायने
किसने बनाए दायरे???
क्या करोगे जब किसी का
दायरों में रहकर नाम होने लगे ??
इन दायरों में रहकर भी
उसकी बाहर पहचान होने लगे
कितनी ईंट बढ़ाओगे फिर???
या अपना जोर चलाओगे फिर
क्या बांध कर रख पाओगे फिर
उड़ते पंछी के पांव रे???
किसने बनाए दायरे???
इन दायरों के नाम पर
क्या डर है तुम्हारा
हम साथ है ये कहो ना

क्या करेगा कोई तुम्हारा
लग चुकी है आदत अब धूप की
बताओ कैसे रास आएगी छांव रे???
किसने बनाए दायरे???

ख्वाबों ने पार कर दिए है पलकों के दायरे
अब इन ख्वाबों को मुकम्मल किए बिना कैसे जिया जाए रे....

~मुस्कान अग्रवाल

5. मेरे कलम की स्याही उनके नाम

सारा दिन खेतों में रहकर
फसलें स्वयं उगाते हैं
भूंखे को अन्न इन्हीं से मिलता
पर फिर भी ये कोइ स्थान ना पाते हैं
पूरा मूल्य मिले मेहनत का
कर्ज़ से भी वे मुक्त रहें
इनकी त्याग तपस्या से
और बड़ा ना कोइ दूजा काम
मेरे कलम की स्याही उनके नाम

देकर कुर्बानी सांसों की
सीमा पर जो डटे रहे
देशवासियों को रक्षा को
आंधी तूफानों में तरू की
भांति खड़े रहे
जितने भी है स्वर्णिम नाम
मेरे कलम की स्याही उनके नाम

थल, वायु और नौ सेना
देश के हित में जीती है
तिरंगे में ढक घर जाने का
हर पल वो स्वप्न ये जीती है

करते है ऐसे वीरों को हम सलाम
मेरे कलम की स्याही उनके नाम

जिनका तन - मन- धन जीवन
भारत माता को अर्पित है
जिनकी कोइ गौरव गाथा
कहीं भी ना वर्णित है
छिपकर करते देश का काम
रहते आजीवन गुमनाम
सबसे छिपी है जिनकी पहचान
मेरे कलम की स्याही उनके नाम

शून्य, शब्द, आकाश अंक का
जिसने हमको ज्ञान दिया
न्याय और नीति का पालक
ऐसा हिन्दुस्तान दिया
भारतीय संस्कृति के जो है गौरव गान
मेरे कलम की स्याही उनके नाम

जो कल की तकदीर बनेंगे
भारत मां की पीर हरेगें
अनीति, अन्याय और अपहरण
जिन्हे ना होगा स्वीकार
अपनी रचना से ही
जो एक नया इतिहास रचेंगे
भारत नेक और एक बनाने का
कर जायेंगे कुछ काम

ऋतु 'दर्पण'

मेरे कलम की स्याही उनके नाम

~मुस्कान अग्रवाल

6. आत्मनिर्भर भारत

नहीं रहेगा भारत अनपढ़,
हम हर गांव गली साक्षरता लायेंगे!!

हम स्वयं बनेंगे आत्मनिर्भर,
फिर संपूर्ण आर्यवर्त कर जाएंगे!!

भारत की तकनीकों से,
सारे विश्व को चौकाएगें !!

स्वयं करेंगे निर्मित वस्तुएं ,
स्वदेशी अपनाएंगे!!

"आत्मनिर्भर भारत" हो अपना
कुछ ऐसा कर जाएंगे!!
कोई भूखा नहीं रहेगा,
नहीं रहेगी बेरोजगारी!!

सच्चाई से करेंगे सारे काम ,
मिट जाएगी भ्रष्टाचारी!!

कोई अवैध कर नहीं देगें
न कोई वस्तु किसी

अन्य देश से लायेंगे!!
हर भारतवासी की मेहनत का
उनको हक दिलवाएंगे!!

नहीं रहेगी ऊंच - नीच,
सब भेद भाव मिट जायेंगे!!

अपने संसाधन निर्मित कर,
भारत को हर क्षेत्र में अग्रणी बनायेगें!!
हर आपदा से बचने के लिए,
भारत का सुरक्षा कवच बनाएंगे!!

"आत्मनिर्भर भारत" का परचम,
सारे विश्व में लहरायेंगे!!
~मुस्कान अग्रवाल

7. एक दीप

दिए जलाए तुमने घर में
मन में क्यूं अंधियारा है

सुंदर रंगो से घर है सजाया
मन का कोना क्यूं काला है

एक नन्हे से दीपक से ही तो
हर गांव गली उजियारा है

बस एक दीप ही काफी है
जो कर्तव्य मार्ग दिखलाता है

एक दीप ही निराशा में
आशा की किरण बन जाता है

एक दीप से ही तो
किसी की कुटिया रोशन है

एक दीप ने ही लिया
परमार्थ का संकल्प

ध्येय , दृढ़ता , साधना से
किया कलंक का अंत

एक दीप है जुगनू जैसा
एक आसमान से उतरा तारा

एक दीप ही जग- मग करता
देखो लगता कितना प्यारा

"दीप तो है माटी का ही माटी में ही मिल जाता है
फिर भी सारी दुनिया में उजियारा फैलाता है
स्वयं जलकर औरों को त्याग, तप ,बलिदान का पाठ पढ़ाता है"

~मुस्कान अग्रवाल

8. क्या लिखूं

समझ नहीं आता कि
फिलहाल क्या लिखुं...

कुछ लम्हें सुख की यादों के
या जो बीत गए बेकार लिखुं...

लिख दूं फागुन के रंग सभी
या भाई बहन का प्यार लिखूं...

दीपों से नहाई रात लिखूं
या मोहन का मधुमास लिखुं...

तपती धरती की तन्हाई
या अमराई की बौछार लिखुं...

इस सर्द मौसम की हवाएं
या बीती बारिश की फुहार लिखुं...

बीता हुआ साल या
आने वाले साल का इंतजार लिखुं...

समझ नहीं आता कि
फिलहाल क्या लिखुं...

कुछ लम्हें सुख की यादों के
या जो बीत गए बेकार लिखुं...

~मुस्कान अग्रवाल

9. काव्य रचना

कविता मन की भावना है
क्या ये जानते हो तुम...

फिर किसी कविता की
अच्छाई और बुराई
उसकी लेखन शैली कैसे हो सकती है ???

कैसे कोई कठिन शब्दों में लिखी कविता
महान हो जाती है??
और अपने शब्दों और भाषा से लिखी कविता तुच्छ कहलाती है??

कविता प्रेरणा है
पता है ना तुम्हें ...

पर यदि कविता पढ़ने के बाद
समझ ही ना आए
तो क्या वह प्रेरणा श्रोत बन पाएगी???

कठिन शब्दों के प्रहारों से
कविता की भावना को आहत मत करो...

उसे नदी के जल के भांति स्वतंत्र बहने दो..

बह जिस देश
जिस मिट्टी
जिस भाषा में
अपना सृजन चाहे होने दो..

तब कविता का आस्तित्व
सुरक्षित रह पाएगा..

तब आसानी से हर कोई
उसे पढ़ और समझ पाएगा..

~मुस्कान अग्रवाल

10. बूंद की अभिलाषा

(आज अचानक आँखों से, एक आँसू की बूँद?, गालों के रास्ते, मेरे हाथों पर आ कर गिरी, और फिर कहने लगी......)

लो आ गयी में बाहर.....
बहुत शोर है आँखों के अंदर....

मेने देखा है इन आँखों में है इक गहरा समुंदर....

अंदर ही रहती तो मेरा अस्तित्व मिट जाता
और बूँद होने की मेरी पहचान मिट सी जाती.....

अरे मेरी भी है पहचान कोई,
मैं कैद नहीं रहना चाहती...

जीवन के नियम के साथ ही,
मैं भी हूँ बहना चाहती....

काश की मैं बादल बन पाती,
रिमझिम-रिमझिम वर्षा लाती...

गिर कर टकराती पेड़ों से
पत्तों के छुरमुट में छिप जाती....

टप से गिरती फिर धरती पर
प्यासी धरती की प्यास बुझाती....

और वहाँ से जाकर सीधे
किसी नदी की लहर बन जाती....

फिर लहरों सी बहकर मैं तो
दूर समुंदर तक हो आती....

वापस फिर उड़कर लहरों से
बादल के घर में छिप जाती....

उड़ती रहती धरती से गगन तक
अपनी एक अलग पहचान बनाती....

~मुस्कान अग्रवाल

11. किताबें

किताबें भी शोर कर रही है...

पूछ रहीं है क्या वजूद है मेरा?

समेट लोगी मुझे खुद के अंदर

क्या इतना ही रह जाएगा मेरा डेरा?

क्यूं जरूरी है तुम्हारा मुझे पढ़ना?

जब चाहती ही नहीं हो लड़ना

क्यूं परेशान हो...???

अच्छा तो है,नहीं रहेगा एक बोझ

नहीं याद आएगा मुझे खोल के पढ़ना रोज

तुम्हारी नींद भी पूरी हो जाया करेगी

आधे सवालों में उलझाकर
तुम्हें जगाया नहीं करेगी

ऋतु 'दर्पण'

चिंता नहीं रहेगी तुम्हें
मुझे खरीद कर लाने की

जरूरत नहीं पड़ेगी तुम्हें
मेरे पन्नो में उलझ जाने की

क्या जरूरत रहेगी फिर
सवालों के जवाब ढूंढ लाने की

ताने भी ना मिलेंगे तुम्हें हमारे नाम के
कुछ पल तो होंगे तुम्हारे पास फिर आराम के

पर क्या सुकून कि सांस ले पाओगी
बिना मुझमें उलझे अपनी ज़िंदगी को सुलझा पाओगी????

~मुस्कान अग्रवाल

12. आवास या कारावास

मां ने कहा शादी कर लो
वो तेरा घर कहलाएगा
कर ना सकी जो यहां पे पूरी
वो ख्वाहिश तेरा पति पूरी कर जाएगा
कोई रोक नहीं होगी
ना कोई तुम्हें सताएगा

किसे पता था वो आवास भी
कारावास कहलाएगा...

यहां पे तुम्हारी नहीं चलेगी
तुम वहां पे अपना हक़ जतलाना
यहां पर तुम मेहमान हो बस
शादी करके पराए घर है जाना
होगी तुम उस घर की मालकिन
जीवन वहीं बीत जाएगा

किसे पता था वो आवास भी
कारावास कहलाएगा...

जीवन तुम्हारा बस इतना ही है
जो चूल्हे-चौके में रम जाएगा
सास ससुर की सेवा करना

ऋतु 'दर्पण'

जीवन धन्य हो जाएगा

आएगी जो याद हमारी
पति मन बहलाएगा
किसे पता था वो आवास भी
कारावास कहलाएगा...

लड़का ढूढा शादी कर दी
पूछी ना लड़की की मर्ज़ी
दहेज़ दिया ये रीत है कहके
हाथों में रख दी आदर्शों की पर्ची
लेकिन जब अन्याय हो तब
आवाज़ कौन उठाएगा

किसे पता था वो आवास भी
कारावास कहलाएगा...

शादी के गहने भी ऐसे
लगती जैसे हो बेड़ियां
मायके में तो होती ही है
ससुराल में भी बोझ बेटियां
जाने कब इनका भी कोई
स्थिर घर बन पाएगा

किसे पता था वो आवास भी
कारावास कहलाएगा..

मुस्कान अग्रवाल

13. वो फुटपाथ पर कैसे रहते होंगे

साल और कम्बल ओढ़कर
घरों में छुप जाते हैं

अलाव जलाकर सामने,
हम ठंड -ठंड चिल्लाते हैं

कभी सोचा है ,क्या हाल होगा उन गरीबों का,

जो ठिठुरती ठंड में बिन कपड़ों के
फुटपाथ पर दिन और रात बिताते हैं

चेहरे पर मुस्कुराहट लिए,
हर सितम सह जाते हैं

बस दो ही मीठे बोल से,
सौ दुआए दे जाते हैं

क्या फ़ायदा इस आलीशान से घर का
जहां इक छोटा सा कोना उनके काम ना आया

हाथों में पैसे लेकर,
हम दिल से गरीब रह जाते हैं

ख्याल आता है मन में,
क्या इतने निर्दयी है हम?
खुद की परेशानी में इतना खो जाते हैं

अपनी ना सही चलो,
कुछ उनकी परेशानी को कम कर आते हैं

ज़िन्दगी से उनकी शिकायतों को,
दूर कर आते हैं

ज़िन्दगी सिर्फ गम नहीं देती,
ये उन्हें समझाते हैं

इंसानियत अभी बाकी है इस दुनिया में
ये अहसास उन्हें करा आते हैं।

~मुस्कान अग्रवाल

14. संगीत

मेरी प्रीत ,मेरे मन का मीत,
मेरी सांसों में भी संगीत है।

मेरा रुदन ,मेरा क्रंदन
ह्रदय की धड़कन संगीत है।

प्राण फूंक देता है संगीत सांसों में,

प्रज्वलित हो उठती है एक किरण,
तानसेन के साजों से।

संगीत बिन ऐसे रहूं मैं,
जैसे जल बिन मीन है।

मेरे मन के बोल ,मेरे जीवन की डोर
मेरा अन्तद्र्वन्द संगीत है।

संगीत सुर की साधना
संगीत सुख की झनकार है

तरु पल्लव और मेघ नदी में
प्रकृति का अलंकार है।

चारों दिशाओं में हर वक्त
संगीत रहता है,

सात स्वरों से सुशोभित
हर शब्द कहता है।

संगीत मेरी प्रेरणा,संगीत चाह है
संगीतमय श्रृष्टि है सारी,संगीत जीवन सार है।।

~मुस्कान अग्रवाल

15. ज़िंदगी क्या है

ज़िंदगी मानो जैसे एक घड़ी है..

कभी चलती है बिना रुके
तो कभी रुकी पड़ी है..

ज़िंदगी के पास खुशियों छड़ी है..

लेकिन साथ में हर कदम
एक मुसीबत खड़ी है..

कभी मेहनत कराती है हमसे
कभी लगता ये तो आसान बड़ी है..

ज़िंदगी वास्तव में है क्या??
ये हम नहीं जानते..

पल -पल रंग बदलती
ये तो रंगों की फुलझड़ी है..

"ज़िंदगी बदलने के लिए लड़ना पड़ता है और आसान बनाने के लिए समझना पड़ता है"

~मुस्कान अग्रवाल

16. धर्म भूमि में

धर्म भूमि में..
आज से पहले,
बहुतों ने अधर्म किए..
आज उनके समर्थकों ने,
वैसे ही फिर कर्म किए।
समाज में पनपे दुष्कर्मों से,
मिल पाएगा क्या छुटकारा??
या यूंही तड़पता
रहेगा समाज सारा।
स्वार्थ कपट की काली रातें,
जन जन को दहलाती हैं ।
कुरीतियां समाज में दुष्कर्मों की,
बाढ़ भयंकर लाती हैं।
क्या ऐसे ही चलता रहेगा
अत्याचारों का यह क्रम ??
या फिर आएगा लेकर,
कोई धनुर्धर पुनर्जन्म...

~मुस्कान अग्रवाल

17. उड़ जाने दो

उड़ जाने दो उसे
अब न रोको...

कितने दिनों बाद ये खुला आसमां पाया है
कि अब पिंजरे की कैद से निकल आने दो...

उड़ जाने दो उसे
अब न रोको...

अरसा हो गया रंग देखे बिना
कि अब दुनिया के रंगों में घुल जाने दो....

उड़ जाने दो उसे
अब न रोको...

दम घुट सा गया था पिंजरे की हवाओं से उसका कि अब खुले आसमां की हवाओं में लहराने दो....

उड़ जाने दो उसे
अब न रोको...

देखने दो दुनियां भी उसे
कि अब खुशियों में उसे मुस्कुराने दो....

उड़ जाने दो उसे
अब न रोको...

कितने सवाल बुन लिए मन के अंदर ही अंदर कि अब उन सवालों के जवाब मिल ही जाने दो....

उड़ जाने दो उसे
अब न रोको...

~मुस्कान अग्रवाल

18. अब क्या बांटोगे भगवान

मज़हब की तो बात हुई ख़त्म
अब शुरू हुआ है नया पुराण
जगह जगह देखो तो ज्ञानी
देते फिरते अपना ज्ञान

कोई कहे मैं कृष्ण को पूँजू
कोई कहे मैं पूँजू राम
कोई कहे मैं शिव शिव रटता
कोई कहे मैं भक्त हनुमान

बांट लिए तुमने तो मज़हब
अब क्या बांटोगे कृष्ण और राम

कोई कहे हर मंदिर भटका
पूजा मैंने हर भगवान
फिर भी क्यूं इतना दुखी हूं
क्यूं नहीं सुनता है भगवान

बांट लिए तुमने तो मजहब
अब क्या बांटोगे कृष्ण और राम

पूजते हो पत्थर की मूरत

कहकर उसको ही बेजान
दिल से कभी न माना तुमने
सच में होता है भगवान

बांट लिए तुमने तो मज़हब
अब क्या बांटोगे कृष्ण और राम

सुख में कभी न पूजा तुमने
दुःख में करते हो प्रणाम
फिर क्यूं कहते हो की मेरी
क्यूं नहीं सुनता है भगवान

बांट लिए तुमने तो मज़हब
अब क्या बांटोगे कृष्ण और राम

छोटी कविताएं

अध्याय 18

19. कोई नहीं आता

ना रूठा किसी से कीजिए!
कोई मनाने नहीं आता..

कोई बिना मतलब,
प्यार जताने नहीं आता...

रुलाने आयेंगे लाखों,
कोई हंसाने नहीं आता..

किसी की ख्वाहिश मत कीजिए!
कोई दिलाने नहीं आता...

बेवजह ही कोई अपना,
बहलाने नहीं आता...

खरा उतरे कोई तुम्हारी,
छोटी- छोटी उम्मीदों पर...

ऐसी उम्मीद मत रखिए!
कोई निभाने नहीं आता...

20. उड़ती पतंग

"मैं हूं उस पतंग सी
गर डोर छूटी
तो कोई पकड़ नहीं पाएगा"

बंधनों से आजाद परिंदा
वापस बंधन में नहीं आता...

क्षितिज की ऊंचाइयों और जमीन कि गहराइयों
को नापती मैं
डोर से छूटकर जमीन पर ही गिरूंगी
हां क्यूंकि मुझे जमीन से जुड़े रहना ही पसन्द है....

डोर से जुड़कर उड़ने की मौज नहीं
डोर से छूटकर गिरना - संभालना ही पसंद है.....

21. परछाईं

धूप का साया है
या
धूप में छाया है

अक्श है जीवित
या
है आत्मा इक मृत

लगता है जैसे कोई वस्तु

मेरे मन से निकल आई

और फिर सबको कहते सुना...

अरे पागल ये तो है तेरी "परछाईं"

22. शरद चांदनी

इक टुकड़ा सुकून लेकर आया है चांद फिर से
आसमान में देखो नूर छाया है फिर से..

वो चांद मुकम्मल है खुद में फिर भी अकेला है
सारी दुनिया की नज़रों ने आज उसको घेरा है

आज फिर सोच के मंज़र नजर आयेंगे
शीतलता का आनंद लेते हुए
ज्यादा दिखाई देने वालो को तुम्हारे दाग नजर आयेंगे

तेरी शीतलता इन आंखों में उतर जाएगी
लौट जा अब चांद तुझे मेरी नजर लग जाएगी

23. कौन हूं मैं

बस सवाल ये है कि "कौन हूं मैं"

कोई कहता पिघल के जम गई,
वो मोम हूं मैं

कोई कहता कि गिर कर बिखर गई
वो फूल हूं मैं

कोई कहता कि दूर शिखरों से आ रही
ध्वनि हूं

कोई कहता कि नहीं जरूरत जिसकी
उन लोगो में गिनी हूं

किसी का फर्ज़ हूं

किसी का गर्व हूं

या सोचे बस ख़ुद के बारे में ऐसी खुदगर्ज हूं.

अध्याय 24

1.
अभी तो उड़ना सीख रहीं हूं
गिरूंगी ये बात लाज़मी है
कोशिश किए बिन कैसे कहूं
कि मैंने हार मान ली है

2.
आसां नहीं है यहां,
कुछ भी आसानी से मिल जाए...
तो क्या चुप्पी साध ली जाए????
नहीं! वो वक्त और था
ये दौर और है,,,,
ज़रूरी है,कि अब बात की जाए!!

3
कोई कहे अगर पत्थर हो तुम
तो तुम संगमरमर बन के दिखाना
इतना तराशना खुद को कि
लोग तरसे तुम्हारे दीदार को
ऐसी मूरत बन जाना

4
निर्माण ही करना है तो स्वप्न की दुनिया का नहीं अपितु

वास्तविकता की दुनिया का करो...
एक ऐसी दुनिया जहां कुछ भी स्वप्न रह जाने की गुंजाइश
ही न रहे

5

कुछ एहसासों को
अल्फाजों की जरुरत नहीं होती...
लेकिन कुछ अल्फाज़
किसी को बहुत कुछ
एहसास कराने के लिए होने ही चाहिए...

6

मेरे ख्वाबों को मुझ तक आने का रास्ता
मिले या न मिले...
लेकिन मैं अपनी खुशियों के
मुझ तक आने का रास्ता बंद नहीं होने दूंगी!!

7

माना की तुम बहुत काबिल हो
हमारी काबिलियत भी किसी से कम नहीं
वहम में मत रहना की बाज़ी खत्म हो गई
फकत नज़रों का धोका है..
अभी हारे हम नहीं!!!

8

अगर लड़ सको हवाओं से
तो ही आसमां में जाना..

वहां जमीं की तरह घर नहीं मिला करते..

9
मिला है गर मौका तो
मैं हालात भी बदल लूंगी...
नहीं चाहिए मुझे सहारा,
मैं अगला कदम ख़ुद चल लूंगी...

10
कविता में प्राण है
यह निराश मन में चेतना ले आती है!
मृत आत्मा में जीने की चाहत जगाती है!
अपने एक ही शब्द से सोए हुए जन मानस में
जागरूकता फैलाती है!!

11
चलो हंसते हैं
इतनी महंगी दुनिया में
जहा प्यार के दो बोल को लोग तरसते है

देखो ना यहां पर
ग़म जाने क्यूं सस्ते हैं

www.ingramcontent.com/pod-product-compliance
Lightning Source LLC
LaVergne TN
LVHW041555070526
838199LV00046B/1981
* 9 7 9 8 8 8 6 8 4 7 5 6 7 *